BALLET
ROYAL

De l'Impatience.

Dansé par sa Majesté le 19.
Feburier 1661.

A PARIS,
Par ROBERT BALLARD, seul Imprimeur du Roy
pour la Musique.

M. DC. LXI.
Auec priuilege de sa Majesté.

NOMS DES ACTEVRS DV PROLOGVE.

Amour.	Signor Riuani.
La Constance.	La Signora Anna.
Prudence.	Meloné.
Humilité.	Melani.
Fidelité.	Zanetto.
Amoureux riche.	Augustino.
La Verité.	Bourdigoné.
Le Vieux.	Taillavacca.
Le Desdain.	Pischini.
L'Amour sensuel.	Assalone.
L'amour capricieux.	Atto.
L'amour jaloux.	Chiarini.

BALLET ROYAL

De l'Impatience.

PREMIERE PARTIE

L'Impatience se voyant blasmée par tout le monde pour ne reüssir jamais aux grandes entreprises, fait son possible par le moyen du Ballet d'esprouuer si dans les moindres choses elle peut s'acquerir quelque loüanges.

Premier Recit Italien.

L'Amour enseigne la Patience en son Escole, & sert de Prologue & d'introduction au Ballet.

PROLOGO.

Amore.
Choro di Virtudi, e Choro d'Amanti.

Amore.
LA Bellezza
Sempre auuezza
Orgogliosa à dominare
Ad amare
Che vuol dire
A seruire
Hà renitenza,
Patienza.

Choro di Virtù.
Patienza.

Amore.
Solo è l'oro
Bel tesoro
Doppo hauer sofferto humile
E lo stile
Inhumano
Di Vulcano
E l'Inclemenza
Patienza.

Choro di Virtù.
Patienza
Ma poiche dotte in lei già ne rendesti
Noi conceder douresti
Dalle tue meste scole homai licenza.

PROLOGVE.

Amour.
Chœur de Vertus & d'Amans.
Amour.

A Beauté dont sans cesse on flatte l'insolence,
Qui veut regner par tout, qui se croit tout permis,
Connoissant bien qu'aymer c'est deuenir soufmis,
   N'ayme qu'auecque repugnance;
   Mais il faut prendre patience.

Le Chœur.

Il faut prendre patience.

Amour.

   L'or ce metail precieux
N'est jamais si charmant, & si brillant aux yeux
Qu'apres qu'il a long-temps souffert la violence,
   Et des marteaux & des feux,
   Il faut prendre patience.

Le Chœur.

Il faut prendre patience;
Mais apres qu'exercez par tant & tant d'ennuis,
En cette escole enfin nous sommes tous instruits,
Ne nous deurois-tu pas donner nostre licence?

B

Amore.
Patienza.
Sempre vi è da imparare in tal scienza.
Amore, e Choro di Virtù.
Patienza.
  L'Amante ricco.
Dunque sempre nel martoro
Com' vn'altro hò da languire?
Ne mi posso à peso d'oro
Liberare
D'imparare
La doctrina del soffrire?
Dunque sempre nel martoro
Com' vn altro hò da languire?
  L'Amante meriteuole.
Non è cosa intelligibile
Ch' io di meriti ingemmato
Dispreggiato
Frenar deggia l'Irascibile.
Non è cosa intelligibile.
O bel gusto
D'vn Amor spesso insolente
Per poter ei far l'ingiusto
Vuol ch'io faccia il patiente.
  L'Amante attempato.
Ch' vn a cui la graue età
Poco tempo lascia più
Da impiegare in seruitù
Deggia in pace aspettar tarda pietà
Chi l'insegna non ne sà.

Amour.

Il faut prendre patience :
Car quoy que sçache un Amant,
Il peut faire incessamment
Profit en cette science.

Tous ensemble.

Il faut prendre patience.

L'Amant riche.

Dois-je donc comme un autre estudier toujours ?
Et l'or que je possede auec tant d'abondance,
Ne peut-il m'exempter de faire un si long cours
En l'escole de patience.

L'Amant de grand merite.

Qui le croiroit ? Que moy qui pourrois estaller
Vn merite si rare & si digne d'enuie,
Je deusse dans les maux d'une ennuyeuse vie,
Me taire sans jamais me pouuoir consoler :
Admirez de l'Amour le bisarre caprice,
Qui veut pour faire voir où va son injustice,
Qu'on sçache où ma constance est capable d'aller.

L'Amant decrepit.

Qu'un homme à qui les ans dont il est consumé
Laissent si peu de vie & si peu d'esperance,
Doiue attendre à loisir & sans estre allarmé
Vne tardiue recompense,
C'est à qui nous l'enseigne une estrange ignorance.

L'Amante sdegnoso. Maledette sian le scuole
E chi vuol dar precetti à i furor miei.
Più tosto che venir ui à imparar fole,
A supplicio mortal contento andrei.
Maledette sian le scuole
E chi vuol dar precetti à i furor miei.
Creder vò che sotto l'Eclitica
Più gran Mastro di lui non si da;
Ma per conto di Politica
Non intende il B A Ba,
Che s'al fin mi ridurrà
A far sol la gatta morta
La Beltà di questo accorta
Più rispetto per lui non haura.
O la mia stizza quanto ben gli fà?

L'Amante capritiosa. Spesso Amor vuol ch' il capriccio
Faccia anch' egli un tale studio
Al di cui solo preludio
Tutto ohime mi raccapriccio;
Ma rodendomi la scabbia,
Ch a gli Amanti egli dispensa
Studierò la patienza,
Et imparerò la rabbia.

L'Amante sensuale. Insegnar la dieta all'appetito
E una bella inuentione;
Mà l'Affetto di Platone
Non sò gia quanto gradito
Al fin del gioco poi fosse alle Dame;
Hà bel dir chi non hà fame.

L'Amour

L'Amant colere.

Ie maudis de bon cœur la cruelle doctrine
Qui pretend reprimer mon juste emportement,
    Et consens que l'on m'assassine,
Plustost que je pratique un tel enseignement.

  Qu'en l'art de bien aymer dont il est en pratique
Amour ne soit sçauant, on n'en doit pas douter;
    Mais il est mauuais politique
Quand il veut empescher mon courroux d'esclater.

  Car enfin ce courroux qu'il traitte de rebelle
Est l'vnique rempart qu'il sçauroit opposer
    A ce que l'orgueil d'vne belle,
Contre vn discret amant pourroit souuent oser.

L'Amant capricieux.

    Souuent l'Amour imperieux
    Veut qu'vn amant capricieux
Aprenne malgré luy cette rude science:
Mais y vouloir forcer mon cœur audacieux,
C'est en voulant m'instruire en l'art de patience,
M'enseigner en effet l'art d'estre furieux.

L'Amant sensuel.

    Comment vouloir qu'vn famelique
    Aprenne à viure sobrement,
Mais on pourroit douter fort raisonablement
    Si la beauté la plus critique,
    Quand elle ordonne à son Amant
De se reduire à l'amour Platonique,
    Croiroit auoir contentement
    S'il obeïssoit pleinement.

L'Amante geloso.
Dunque à studio sì penoso
Venir deue anche il Geloso?
Ad vn ch'affoga in mar dar di più à bere
Amarissimo sciloppo?
C'ha da far di più sapere
Vn che muor per saper troppo?
Quanto meglio Amor faria
D'impedir furberie tante
Che voler fatto Pedante.
Insegnar ne il malan che Dio gli dia.

Amor.
Hora sù conclusione.
Recitate la lettione.

La Prudenza.
Per due lustri di procelle
Agitato il saggio Vlisse
Mai non s'afflisse,
Mà fè sempre soffrendo opre più belle:
Il soffrir con valore
E il mestier dell'honore.

La Constanza.
Sofferenza trà li scogli
De gl'orgogli
Se n'andrà come à diporto,
Ch'in fin l'irate scille à lei son porto,
Poiche nel suo ben corredato abete
Porta seco la quiete.

L'Amant jaloux.

Faut-il que le jaloux comme vn autre s'engage
A se rendre sçauant en ce triste deuoir ?
Helas ! qu'a-t'il besoin d'en sçauoir d'auantage,
   Luy qui meurt pour en trop sçauoir :
Songe à banir des lieux soufmis à ta puissance,
La fourbe qui te braue auec tant d'insolence,
Amour, c'est vn dessein plus noble & plus prudent,
  Que de vouloir comme vn Pedant
  Nous enseigner la patience.

Amour.

Qui sçaura sa leçon la vienne reciter.

La Prudence.

Le sage chef des Grecs qui se vid agiter
D'vne si dangereuse & si longue tempeste,
Flatté du bel espoir d'vne illustre conqueste,
Ranima sa vertu dans ses trauaux guerriers,
Et sans cesse adjousta les lauriers aux lauriers :
Dans les maux les plus grands souffrir auec courage
Des plus nobles vertus est le plus digne vsage.

La Constance.

La patience seule est par vn sage effort
Tranquile dans l'orage ainsi que dans le port,
Et du sort ennemy la rigueur quoy qu'extrême
Ne peut troubler la paix qu'elle porte en soy-mesme.

L'Humiltà.

Sofferenza è forte scudo
Per stancare auuerso fato
Di lei sola vn cuor armato
Trionferà di ogni rigor più crudo.
Del soffrire il costume
E di palme immortali vn folto Idume.

La Fedeltà.

Più che d'ogni mercede
Il soffrir di sò gode
Perche solo è il custode
Del tesor della fede,
E costante, più dura
Più di glorie s'acquista immensa vsura.

Amore.

Di sù sdegno.

L'Amante sdegnoso.

Io non la sò
Nè giamai l'imparerò
Che da me s'alcuna Historia
Di patienza vnqua s'vdì
Fuori poi della memoria
In vn subito mi vscì;
Solo io sò che la patienza
Madre spesso diuien dell'insolenza.

Amore.

Mi pagherai l'errore

L'Amante sdegnoso.

Ahi, ahi, perdono, Amore,
Ahi, ahi.

L'Humilité.

Un cœur humble & soûmis auec un tel secours,
Des plus fieres beautez triomphera toûjours;
Et celuy qui soutient son mal auec constance,
Doit esperer le fruit de sa perseuerance.

La Fidelité.

La force de souffrir, la peine & le mépris
De son propre merite est le plus digne prix;
C'est d'vne foy sincere vne marque asseurée,
Et plus d'vn sage Amant la peine a de durée,
Plus sa gloire s'augmente, & plus son cœur constant
Adjouste de douceurs au bon-heur qu'il attent.

Amour.

Dittes vostre leçon, Amant brusque & colere.

L'Amant colere.

Moy, ie ne la sçais point, & quoy qu'on puisse faire,
Iamais en cette Ecole on ne m'apprendra rien;
Tout ce que ie puis dire, est que ie sçais fort bien
Que parmy les Amans ta sotte patience
Se trouue fort souuent mere de l'insolence.

Amour.

Ah! tu me le payeras.

L'Amant Colere.

Amour, pardonne-moy.

Amore.

Ah impertinente
Saprai la lettione vn' altra volta?

L'Amante sdegnoso.

Ahi, ahi, ahi.

Choro di Virtù.

Non t'ascolta
E' battilo se voi, mai farai niente.
Ciò che natura dà
Toglier alcun non puote.

Amore.

E' verità.

L'Amante sdegnoso.

Quel che mi par più strano
E che il Maestro istesso
Che vuol ch'ogn'vn di noi la flemma impari
Ne sà tal volta men che gli scolari.

Amore.

Il soffrir in me
Non è nò non è,
Ne fia mai ne fù
Natural Virtù
Ma quel que ne sò
Sol la necessità me l'insegnò.

Choro di Amanti.

Gran Maestra del sopportare
E' la rea necessità
Mà chi sotto di lei sta
A fuggir pensa più ch' ad imparare.

L'Amour.

Tu l'apprendras, enfin, ou tu diras pourquoy.

Le Cœur.

Tu luy parles en vain, & loin qu'il en profite,
Contre tes chastimens sa colere s'irrite :
Car ce que dans les cœurs la nature a tracé
Par les plus grands efforts, n'en peut estre effacé.

Amour.

Il n'est rien de plus vray.

L'Amant Colere.

Ce qui fait ma surprise,
C'est de voir qu'aujourd'huy l'Amour qui dogmatise
Est dans l'art de souffrir, qu'il veut monstrer à tous,
Plus ignorant luy-mesme, & plus foible que nous.

Amour.

La souffrance, il est vray, ne m'est point naturelle,
Pour ses rudes leçons, mon humeur est rebelle,
Et le peu que j'en sçais, malgré moy m'est resté,
Des durs enseignemens de la necessité.

Le Cœur.

C'est dans l'art de souffrir une grande maistresse ;
Mais on voit tous les iours qu'un Amant qu'elle presse
Tâche de l'éviter de cent & cent façons,
Au lieu de s'appliquer à prendre ses leçons.

L'Amante sensuale.

L'hò pur passata buona
A non hauer anch' io le mie brauate;
Mà non vi è al fin persona
Che di me hauer non deggia
(Se per se la desia) qualche pietate.

Amore.

Basta per hoggi andate pure à spasso
Et acciò tal diletto
Non sia senz'alcun frutto
Osseruate per tutto
Come prouochi a riso
Dell' Impatienza il general difetto;
Et ecco quei che qui scorgete attenti
Son tutti impatienti
Di vederne vn Balletto.

Tutti insieme.

Amanti ch'adorate
Vna crudel beltà,
La Patienza imparare
Ch'alfin qualche mercè v'impetrerà.
Mà pur non obliate
L'impatienza à fatto
Che nell'amar chi troppo soffre è matto.

FINE.

L'Amant Sensuel.

Que ie m'estime heureux qu'il me laisse en arriere,
I'estois de son courroux la plus digne matiere :
Il est vray que chacun deuroit auoir pour moy
La mesme charité qu'il demande pour soy.

L'Amour.

C'est assez discouru, mais pour vous mieux instruire
Par tout où vous irez, obseruez sans rien dire,
Combien l'Impatience a de difformité,
Et combien toutesfois, c'est un vice vsité :
Mais voyez sans sortir combien d'impatience
Chacun témoigne icy que le Ballet commence.

Tous ensemble.

Vous qui suiuez vn bel objet,
Ne vous rebutez point pour son amour cruelle,
Fléchissez-la par vostre zele ;
Mais n'oubliez pas tout à fait
L'vsage de l'Impatience :
Souffrir trop lâchement les maux que l'on nous fait,
C'est sans doute en amour vne extrême imprudence.

FIN.

PREMIERE ENTRE'E.

Vn Grand donne vne Serenade à sa Maistresse impatient de la voir.

POVR VNE SERENADE.
Chantée par M. le Gros.

Acompagné d'vn Concert de plusieurs instruments. Messieurs de la Barre, Vincent, Itier, Grenerin, le Moine, & Hurel. *Tuorbes.* Piesche, Descousteaux pere & fils, les trois Opteres, Paisible, Alais, & Destouches. *Flustes.* Marchand, la Caisse, la Fontaine, le Bret, la Pierre, le Comte, Magny, les deux la Vigne, les deux le Roux, Roulé, le Gres, Huguenet. *Violons.*

Sommes nous pas trop heureux,
Belle Iris, que vous en semble?
Nous voicy tous deux ensemble,
Et nous nous parlons tous deux.
La nuict de ses sombres voiles
Couvre nos desirs ardens,
Et l'Amour & les Estoiles
Sont nos secrets confidens.

Mon cœur est sous vostre loy
Et n'en peut aimer vne autre,
Laissez moy voir dans le vostre
Ce qui s'y passe pour moy.
La Nuit est calme & profonde,
Nul ne vient mal à propos,
Le repos de tout le monde
Assure nostre repos.

LE ROY, representant vn Grand.

Monsieur le Prince, de la suite.

le Duc de Beaufort,   le Comte d'Armagnac,
le Comte de S. Aignan, le Comte de Guiche,
le Marquis de Villeroy, le Marquis de Genlis,
le Marquis de Rassan, Monsieur Bontemps,
Mademoiselle Verpré. Mess. Baptiste, & Beauchamp.
Tous de la suite.

Sa Majesté, representant vn Grand amoureux.

IE ne fay point de geste & ne fay point de pas,
Qui ne soit de mon rang la preuve suffisante,
Le Monde represante icy ce qu'il n'est pas,
Moy ie suis en effet ce que ie represante.

Il n'est rien de si grand dans toute la nature,
Selon l'ame & le cœur au point ou ie me voy,
De la Terre & de moy qui prendra la mesure,
Trouvera que la terre est moins grande que moy.

Ie cede toutefois vaincu par de beaux yeux,
Et la fragilité des Heros que nous sommes.
Est telle qu'apres tout le plus petit des Dieux,
Est plus à redouter que le plus grand des Hommes.

L'Vniuers a tremblé du bruit de mon tonnerre,
Et la posterité ne s'en taira jamais;
Auec beaucoup d'éclat j'ay par tout fait la guerre,
I'ay bien plus fait encor, mesme j'ay fait la
  Paix.

Mais ce m'est vn thresor si doux & si touchant
Que celle qui sur moy r'emporte la Victoire;
Que ie croy que l'Amour n'en est pas bon Mar-
  chand,
Si pour la luy payer il suffit de ma gloire.

Monsieur le PRINCE, de la suite.

C'Est pour tousiours que ie veux estre
 A la suite d'vn si bon Maistre;
 Mon esperance & mon appuy;
Qui de nostre repos compose ses delices,
 Et voyant ceux qui sont à luy
 Ne regarde que leur seruices.
Ha! si l'ocasion à mon zele répond,
Que j'iray de bon cœur ou l'honneur nous appelle,
Il est à souhaitter qu'il n'ait plus de querelle:
Mais que ie voudrois bien luy seruir de second.
        Le Duc

Le Duc de Beaufort, *de la suite.*

IE porte auec plaisir ma double seruitude
L'vne attache ma vie au Maistre que ie sers,
L'autre attache mon cœur au joug pesant & rude,
D'vne ingrate Beauté dont j'adore les fers :
Ie ne les rompray point quoy qu'elle puisse faire,
Et c'est vne prison qui m'est tellement chere
Que ie ne voudrois pas faire le mesme tour
Que pour sortir d'vne autre on me vit faire vn
    jour.

Pour le Comte d'Armagnac, *de la suite.*

IEune bien fait & sans crime amoureux,
    Vous estes tellement heureux
Qu'il n'est point de fortune au dessus de la vostre,
Et d'vn commun accord nous reconnoissons tous
Que la Nature a fait des miracles pour vous,
Soit en vostre personne ou dans celle d'vne autre.

Le Comte de S. Aignan, *de la suite.*

SVivant d'vn Maistre incomparable,
Fort droit apres luy j'ay marché,
Eternellement attaché;
A mon devoir inébranlable :
Ses loix ont reglé mes desirs,
Je l'ay suiuy dans ses plaisirs,

B

*Les miens qui me sont chers ne m'en ont sceu def-
    fendre,*
Et des plus courageux comme des plus zelez,
Quand sur vn ton plus haut il a falu le prendre
Nul ne la mieux seruy dans tous ses démeslez.

Le Comte de Guiche, de la suite.

D'Vne ardeur assez peu commune
I'ay suiuy des gueriers le mestier inhumain,
    Encore par bonne fortune
    Il ne m'en couste qu'vne main :
*Mon cœur auec l'Amour a tousiours quelque af-
    faire,*
Mais lors que tout entier ma Maistresse l'aura,
    Souuenez-vous que ce sera
    Si mon Maistre n'en a que faire.

Le Marquis de Villeroy, de la suite.

Lors que j'estois petit Garçon,
Chacun me faisoit la leçon
D'vne charité sans seconde;
De mon enfance on prenoit soin,
I'estois le plus joly du monde,
Et j'en prends le monde à témoin,
Mais peut on parler de si loin.
    Maintenant nul ne me reforme,
L'on se tient sur le serieux,
Non que j'aye changé de forme,

Ou que ma taille soit énorme,
Mais ie commence d'estre vieux.
　　Les Dames ne m'osent permetre
De leur parler quand ie les voy,
Et dans le commerce auec moy
Ne sçauent sur quel pied se metre,
Ny ce qu'elles s'osent prometre;
Ie ne le sçay pas trop non plus,
Amour qui dans les cœurs penetre,
Nous soit en aide là-dessus.

Pour le Marquis de Genlis, de la suite.

SVr les traits de vostre visage
S'est trop exercé mon pinceau;
Il est bon de mettre en vsage
Vn sujet qui soit plus nouueau :
Ce qui jadis eut bonne grace
Ne l'auroit plus en ce temps-cy;
Et comme enfin la beauté passe,
La laideur mesme passe aussi.

Le Marquis de Rassan, de la suite.

DEs pas aussi beaux que les nostres,
Peut estre auant qu'il soit vn an,
Pourroient bien se changer en d'autres
Pour la conqueste du Turban.

Six Seigneurs de la suite d'vn Grand impatiens de plaire, surprennent agreablement leur Illustre Maistre, par vne Entrée au son de la Ritournelle de la Serenade.
Le Comte de S. Aignan. Le Marquis de Villeroy. Le Marquis de Genlis. Le Marquis de Rassan. Mess. Bontemps & Langlois.

II. ENTREE.

Eux Alchimistes impatiens de voir si leur poudre de projection est faite, ouurant deuant le temps le fourneau, esuentent la matiere, & voyant leur mystere gasté, & l'vn imputant ce malheur à l'impatience de l'autre ils s'entrebattent, en suite dequoy six petits enfans sortent de ce mesme fourneau en forme de gouttes de Mercure.

Les Sieurs d'Oliuet & de Lorge, *Alchimistes.*
Le Comte de Marsan.   Monsieur Hesselin, fils.
Monsieur du Mont.   Les deux de Lestang,
& Fauier, *petits Enfans.*

Pour des Alchymistes.

Qv'est-ce que le merite & la vertu sans l'or?
N'en déplaise aux beaux Arts où l'on se fait instruire,
De l'or en abondance est le meilleur Thresor,
Heureux qui trouueroit le secret d'en produire,
Qui pourroit s'en passer bien plus heureux encor.

III. ENTREE.

Eux maistres à danser s'impatientent en montrant la Courante à des Moscouites, & à des Crauates.

Les Sieurs

Les Sieurs le Conte & la Pierre, Maiſtres à danſer.
Les Sieurs Lambert & Rodier, Moſcouites.
Les Sieurs Deſonets & Cordeſſe, Crauates.

Maiſtres à dancer Impatiens.

Que de corps maladroits & comme eſtropiez !
Qu'outre leur peu d'adreſſe ils ont peu de lumiere,
Quand il faut que la Teſte entende la premiere
Ce qu'on veut faire en ſuite executer aux Pieds.

IV. ENTREE.

Deux Plaideurs impatiens de la longueur de leurs Procés, preſſent par vne batterie leurs Procureurs de les acheuer.

Les Sieurs Beauchamp, Don, le Chantre, Raynal,
& Desbroſſe.

Pour des Plaideurs.

Eſtre Amant & languir pour vne Dame ingrate,
Eſtre Eſclaue & gemir ſous les fers d'vn Pirate
Eſt vne longue mort ſenſible au derniere point :
Mais quoy qu'elle ſoit dure à celuy qu'elle acable
De toutes les langueurs la plus inſuportable
Eſt d'auoir vn Procés qui ne finiſſe point.

G

SECONDE PARTIE.

RECIT DE L'IMPATIENCE.

Chanté par Mademoiselle de la Barre.

Acompagnée de Messieurs Vincent, la Barre, Itier, Grenerin, *Tuorbes.* Marchand, la Caisse, le Bret, & la Fontaine. *Violons.*

Courons ou tendent nos desirs,
Il n'est pas tousiours temps de gouster les plaisirs,
On ne peut en auoir trop tost la iouïssance :
Il faut presser pour estre heureux,
Et l'Amour est sans traits, & l'Amour est sans
    feux
Quand il est sans Impatience.

Ces longs soûpirs & ces langueurs
Ne sont bons qu'à nourrir d'éternelles rigueurs
En fasse qui voudra la triste experiance :
    Il faut presser pour, &c.

PREMIERE ENTRE'E.

Six Portefaix impatiens de se descharger de leur fardeau le jettent par terre, d'où so[nt] tent six Nains impatiens d'estre plus long-temps emballez.

Monsf. Clinchamp. Les Sieurs d'Oliuet, Vaignac, le Chantre, S. André, & Desonets, *Portefaix.*
le Comte de Marsan, Messieurs Hesselin fils, d'Aligre fils, & Monsieur du mont, Belo. & l'Estang l'aisné, *Nains.*

Portefaix aux Dames.

VOus nous voyez gemir sous vn faix en-
    nuyeux:
Mais ô diuins Objets, nous auons plus de peine
A soustenir l'éclat qui sort de vos beaux yeux,
    Et cette charge nous entraisne.

Le Comte de Marsan representant vn Nain.

QVe ie veux mal à qui me dit
    Que ma taille est d'vne Poupée!
Qu'est-ce que j'ay de si petit?
Est-ce le cœur? est-ce l'esprit?
Est-ce la naissance ou l'espée?

II. ENTRE'E.

DÉs Oyseleurs à la Choüette s'impatien-
tent qu'elle n'ait pas esté bien pour faire venir les Oyseaux.

Messieurs Barbot, & Don.   Les Sieurs du Pron,
la Fon, de Gan, Des-Airs le Cadet, *Oyseleurs.*
Le petit Iules du Pin fils, *La Choüette.*

Des Oyseleurs.

Ruse & subtilité partout nous acompagne,
Et ces petits voleurs sont mis à la raison,
Qui se moquoient de nous estant à la campagne,
Mais qu'on fait biē chanter quād ils sont en prison.

Le petit Iules du Pin fils, *Representant vne Choüette.*

Mon petit becq est assez beau,
Et le reste de ma figure
Montre que ie suis vn Oyseau
Qui n'est pas de mauuais augure.

III. ENTRÉE.

Deux jeunes desbauchez impatiens de la succession de leur Pere, luy rompent & brisent ses coffres, à l'ayde de deux autres Vallets, & le bon homme les surprenant, & en tombant dans le desespoir les chasse tous de chez luy.

Le Comte de Sery. Le Marquis de Villeroy,
jeunes Desbauchez.
Le Sieur Lambert, *Pere.*
Messieurs Tartas, & S. Fré, *Vallett.*

Le

Le Comte de Sery, representant vn jeune Desbauché.

QVoy que le besoin me suggére
Ie ne veux point voler mon Pere,
Ie sçay trop ce que ie luy doy,
Il a de la magnificence,
Et presque aussi jeune que moy
N'aime guère moins la dépence :
Son cœur est franc & loyal,
Genereux & liberal,
Il donne deuant qu'il offre,
Point du tout interessé,
Tant de vertu sauue vn coffre
Du danger d'estre enfoncé.

Pour le Marquis de Villeroy, representant vn jeune Débauché.

DAns cette fougue du bel âge
Où les plus viues passions
Produisent beaucoup d'actions
Que l'on ne fait guere estant sage ;
Vn Pere qui vous aime bien
Ne vous laisse manquer de rien :
Mais vos emportemens ailleurs que dans sa bource
Pouroient trouuer quelque resource
S'il vous estoit moins indulgent,
Et comme il ne s'agit aupres de la plus chiche
Que de gagner son cœur pour auoir son argent,
Que vous allez deuenir riche.

H

IV. ENTRÉE.

IVpiter impatient de joüyr de ses Amours, trompe Caliste sous l'habit de Diane, & pour la diuertir ameine nombre de Musiciens.

Les Concertans sont les mesmes de la premiere Entrée.

Iupiter. LE ROY.
Sa suite. Le Comte de S. Aignan. Monsieur Bontemps, Messieurs Verpré & Baptiste.
Diane. Le Marquis de Rassan. *Sa suite.* Monsieur Langlois. Les Sieurs Des-Airs, de Lorge, & la Pierre.

Iupiter déguisé, representé par sa Majesté.

Apres auoir tonné quand il estoit besoin
D'abatre les Geans que j'ay réduis en poudre,
Et fait voler mon nom plus loin
Que l'Aigle qui porte ma Foudre.

Ie descens vers l'Objet qui seul me peut charmer,
Et mesme j'y descens non sans quelque surprise
Qu'à dessein de me faire aimer
Il faille que ie me déguise.

Les mortels ne sçauroient quand ie traite auec eux
Souffrir de ma splendeur qu'vne legere trace,
Et mon éclat trop lumineux
Les éblouït & m'embarasse.

Deuant vne beauté ie cache finement
Cette pompe diuine ou mon estre se fonde,
  Et l'on me prendroit seulement
  Pour le premier Homme du monde.

Le monde cependant m'adore & connoist bien
Qu'à son vtilité ie dispose les Astres,
  Et suis la source de son bien,
  Sans estre autheur de ses desastres.

Et la gresle & la pluye & les vents inconstans
Furent des fiers Destins l'ouurage necessaire;
  Nous n'aurons plus que du beau temps,
  Et c'est ce qui me reste à faire.

Le Comte de S. Aignan, representant vn des suiuants
    de Jupiter.

IE sers vn Maistre incomparable,
En l'honneur de luy plaire on trouue des appas,
La peine qu'on y prend est vn bien desirable,
Et la Fortune suit ceux qui suiuent ses pas.

TROISIESME PARTIE.
Recit Crotesque.

Le Signor Assalon *maistre de Musique*, les Sig. Bourdigone, Melone, Pichini, Augustini Chiarino *Musiciens*, Monsieur baptiste *Guitare*, Messieurs la Barre Vincent *Tuorbe*, Monsieur Itier. *Violle*.
Paysans. Messieurs Geoffroy, du Moustier, Don, Vagnac, Bonar, Rodier, Desonets, & Cordesse. Canars, Belo, les deux de Lestang, & Fauier.

PREMIERE ENTRE'E.

Es gourmands voyans leur souppe, impatiens de la manger, mettent tous la cuillier dans la marmite, & la portent à la bouche, & s'estans bruslez font mille sortes de grimasses.

Messieurs Parque & Clinchamp. Les Sieurs Des-Airs, la Fon, du Pron, & Desbrosses.

Pour des Gourmands qui se bruslent.

L'Impatience nuit à qui n'en est point maistre,
Ne se presser pas tant c'est joüer au plus fin,
Et ces Gourmands punis nous donnent à conoistre
Qu'à force d'aler viste on demeure en chemin.

II.

II. ENTRÉE.

DEs Creanciers impatiens donnent leurs obligations à des Sergens pour les executer, prennent eux-mesmes au corps leurs debiteurs & enleuent leurs meubles.

Le Comte de S. Aignan, *Debiteur.* Le Marquis de Raffan, les Cheualiers de la Marthe & de Fourbin, Monfieur Bon-temps, *Creanciers.*

Meffieurs Langlois, & d'Heureux, *Archers ou Sergents.*

Le Comte de S. Aignan, *repreſentant vn Debiteur pourſuiuy par des Creanciers.*

O Que le Creancier eſt vne Nation
Facheuſe, opiniaſtre, importune & preſſante!
Volontiers on luy donne vne aſſignation
Pour laquelle manquer volontiers on s'abſente:
Moy qui ſuis quelquefois de la vacation,
    Lors que mon débiteur me prie
De luy donner du temps, qu'il proteſte qu'il crie,
Que pour l'heure preſente il eſt gueux comme Iob,
Que pour me ſatisfaire il n'eſt rien qu'il ne faſſe,
Et qu'il me dit, Monſieur, mettez vous en ma place,
    Mon amy, ie n'y ſuis que trop,
Voila comme l'affaire entre nous deux ſe paſſe.

I

III. ENTRE'E.

Huict Cheualiers de l'ancienne Cheualerie eſtans Riuaux & impatiens de faire paroiſtre leur adreſſe à la Dame leur Maiſtreſſe, n'attendent pas meſme que les Violons ſoient d'accord, & ne laiſſent pas de danſer en cadance leur Entrée. La meſme Dame auſſi impatiente de leur plaire de la meſme ſorte danſe auec eux.

LE ROY.

Meſſieurs Verpré & Baptiſte. Les Sieurs Beauchamp, le Vacher, Raynal, le Comte, & la Pierre, *Cheualiers.* Mademoiſelle Verpré. *la Dame.*

Pour ſa Majeſté, *repreſentant vn Cheualier de l'ancienne Cheualerie.*

Voicy la fine Fleur de la Cheualerie,
 Qui paſſe de bien loin nos Heros fabuleux
En belles actions comme en galanterie ;
 Enfin ce Prince merueilleux,
Que l'Amour ſuit par tout, que la gloire acompa-
 gne,
 Et le pur ſang de Charlemagne.

Qu'il dance, ou qu'il combate, auſſi-toſt qu'il paroiſt

L'on voit par dessus tout sa grandeur heroïque,
C'est l'honneur & l'appuy de l'ordre dont il est,
 La Chevalerie est antique,
Et ie la croy du temps de ses premiers Ayeux,
 Mais le Cheualier n'est pas vieux.

La Guerre & la Discorde en nos jours étouffées
Sans sa Teste & son Bras seroient encor debout,
Il a fait de leur chûte vn comble à ses Trophées,
 Bref il a pacifié tout,
Et nous donnant la Paix, & se donnant Thereze,
 A mis tout le monde à son aise.

IV. ENTREE.

Quatre Marchands Mores impatiens de l'arriuée de leurs vaisseaux, consultent deux Boëmiennes.

Messieurs Ioyeux, Barbot, du Faur, &
 Des-Airs l'aisné, *Marchands Mores.*
Mademoiselle Giraut, & Mademoiselle la Faueur.
 Boëmiennes.

Mores.

Av lieu de nous aimer faut-il que l'on nous craigne,
Sçaurions nous jamais paruenir à nos fins?
 Et n'aurons-nous point nostre regne,
 Comme ces Messieurs les Blondins?

QVATRIESME PARTIE.
RECIT DE LA LOTERIE.

Chanté par Mademoiselle Hilaire.
Accompagnée de Messieurs Vincent, la Barre, Itier, le Moine, *Tuorbes*. La Caisse, Marchand, Magny, la Fontaine, le Bret, & la Vigne, *Violons*.

Venez vous ranger sous mes loix,
Ie reçoy toutes vos offrandes,
Sans difference & sans choix :
Mes faueurs les plus grandes,
Sont quelques Billets doux,
Où vous aspirez tous,
Peu d'heureux, beaucoup de jaloux.

Ma main couronne le hazard,
Et le faux & le vray merite
En mon cœur ont mesme party ;
La fortune est écrite
Dans quelques billets doux, &c.

PREMIERE ENTRE'E.

Des Suisses seruis par des Florentins auec des Bouteilles à long goullot, & des petits verres, impatiens de boire se jettent dans vn muid de vin, pour boire à leur aise.

Les Sieurs d'Oliuet, le Chantres, Defonets, & Cordesses. *Suisses*. Les Sieurs S. André, & Desbrosses,
Florentins.

Suisses.

B*Ons corps d'hommes*
Que nous sommes
Nul trauail ne nous déplaist;
Il n'est rien qui nous moleste,
Hormis la soif qui nous est
Plus funeste
Que la peste:
Pour des raisons
Nous en faisons
Sans peine aucune,
Et n'en disons
Iamais pas vne.

II. ENTREE.

DEs filles attendent impatiemment l'arriuée de leurs Gallands, regardent incessamment par les portes & par les fenestres, sortent dans la ruë, enuoyent leurs seruantes au deuant, & font paroistre leurs inquietudes par mille postures differentes.

Le Comte de Sery. Le Marquis de Genlis. Les Sieurs le Vacher, & la Fon, *Amoureux*. Les Sieurs S. Fré, & de Gan, *Maistresse*. Les Srs Don & Cordesse, *Seruantes.*

K

Le Marquis de Genlis, *Amoureux*.

COmme de ses talans volontiers on se pique,
  Beau, Galand, Amoureux sont les trois a-
tributs
Que ie possede encore, & que j'ay tousiours eus,
  Si quelque seuere critique
Ne me vient retrancher le premier tout au plus.

  La Nature n'estant ni bizarre ni folle,
Sur vn moule assez iuste auoit formé mes traits,
Mais pour gaster son œuure incontinent apres
  Suruint la petite verole,
Qui n'a iamais manqué d'arriuer tout exprés.

III. ENTRE'E.

DIx Aueugles impatiens de sortir de crainte de perdre l'heure de gaigner leur vie n'attendent pas leur conducteur, & se fians à leurs bastons s'entrechoquent les vns & les autres, & se battent.

Le Marquis de Rassan, Messieurs Bontemps & Ioyeux, Messieurs Baptiste & l'Anglois, Les Sieurs le Comte, de Lorge, Rodier, Bonar, & la Pierre *Aueugles*.

Mess. le Gros, Don, Spirli, & Piesche, *Musiciens*.
Messieurs Robertet & la Vigne, *Vielles*.
Les Sieurs la Caisse & Marchand, *Violons*.
Messieurs Magny & Geoffroy, *Flustes*.
Mess. Du Moustier & le Bret, *Basses à cordes à boyau*.

RECIT DES AVEVGLES.

Apres la clarté perduë,
Qui nous fust vn bien si cher,
A d'autres sens que la veuë,
Il faut donc nous retrancher;
Pour estre aueugle est-ce à dire,
Qu'on ne gouste rien de doux?
Amour qui sçait si bien rire
Est aueugle comme nous.
  L'atouchement nous console
Du bien qui nous est osté,
Et iamais sur sa parole,
Nous n'en croyons la beauté.
  Pour estre, &c.

Les Aueugles, aux Dames.

VOus pourriez bien tirer quelque desauantage
De nostre aueuglement qui nous sauue du feu,
Si de nos yeux pour vous nous n'auons point l'vsage,
Les vostres contre nous vous seruent aussi peu.

Pour Monsieur Baptiste, representant vn Aueugle.

CEs chans harmonieux nous rauiront tousiours,
Sur les autres tousiours ils auront la victoire,
 Et pour l'interest de sa gloire,
Cét Aueugle n'a rien à craindre que les Sourds.

IV. ET DERNIERE ENTRE'E.

Deux Amants impatiens enleuent leurs Maistresses, sçauoir Pluton, Proserpine; Borée, Orithie.

Le Duc de Guise, *Pluton.* Le Comte d'Armagnac, *Borée.*
Les Cheualiers de la Marthe & de Fourbin.
Demons.
Messieurs du Faur, & d'Heureux, *Vents.*
Les Sieurs Beauchamp, Raynal, *Demons trauestis.*
Desbrosses, & du Pron, *Vents trauestis.*
Mademoiselle Girault, *Proserpine.*
Mademoiselle de la Faueur, *Orithie.*

Pluton *representé par le Duc de Guise.*

Avx Dames.

Vous de qui les beautez me semblent si charmantes,
Souffrez ma passion sans douter de ma foy,
Puis-ie estre soupçonné de flâmes inconstantes?
Et les feux éternels ne sont-ils pas chez moy?

Plus de cent pieds sous terre en lieu fort écarté
Vos fautes auec moy ne seront point celebres,
Et comme la pudeur aime l'obscurité,
Ne suis-ie pas aussi le Prince des Tenebres?

Ostez

Ostez-vous de l'esprit mille chimeres vaines
Les demons, les serpens, & la flâme & le fer,
Et sans vous alarmer de la crainte des peines,
Pechez auec celuy qui peut tout en Enfer.

Pour le Comte d'Armagnac, representant Borée.

CE vent impetueux a fait de beaux vacarmes,
A bien déconcerté des attrais & des charmes
Au point qu'il a regné depuis ces derniers temps,
Quel dégast n'a-t'il fait dans les fleurs du Prin-
temps?
Il a couché par terre & les lys & les roses,
Bref il a renuersé tant de si belles choses
Dont il n'est pas icy besoin que nous parlions,
Qu'en renuersant la Flote & tous ses milions
Qui seruent à l'Espagne à soustenir la guerre,
Et donnent tant d'enuie au reste de la Terre,
Il eut renuersé moins, & causé du fracas,
Dont les gens de bon sens auroient fait moins de
cas.

Noms des Acteurs de l'Epilogue.

L'Amour. Le Sign. Riuani.   L'Impatience. La Sign. Anna.   La Patience. Le Sign. Melani.

Chœurs d'Amoureux.   Les Sign. Atto, Taillauacca, Meloné, Bourdigoné, Pischini, Assalone, Chiarini, Zanetto, & Augustini.

L

EPILOGO.

*Amore. La Patienza. L'Impatienza.
Choro di Amanti.*

Amore.

Vi vorrei pure accordare.
Tu sai ben s'io t'hò nel cuore,
Tu sai ben s'al tuo tenore
Spesso accordo il sospirare.
Vi vorrei pure accordare.

L'Impatienza.

Se colei ti guiderà
Tu n'andrai sempre beffato,
O se mai sarai beato
Quanto duol ti costerà?

La Patienza.

In van fia che poi ti lagni
E che chiami il Ciel scortese,
S'a colei tu t'accompagni
Non sperar mai grandi imprese.

Amore.

A non già punto adularui.
Tu sei ben spesso indiscreta,
E tu troppo fredda, e cheta.
Che però cerco accordarui.

EPILOGVE.

Amour.
La Patience, l'Impatience.

Amour.

JE voudrois aujourd'huy vous pouuoir accorder,
Vous sçauez de vous deux qui i'aymerois à suiure, *Parlant à*
Vous, vous sçauez comment ie sçay m'accommoder *l'Impat.*
    A vostre maniere de viure ; *& à la Pat.*
Mais enfin ie voudrois vous pouuoir accorder.

L'Impatience.

Amour, si tu pretends suiure la Patience,
N'espere plus trouuer que mépris & souffrance,
Ou si l'on satisfait quelqu'vn de tes desirs,
Sois seur de l'achepter par de longs déplaisirs.

La Patience.

Si ma Riuale, Amour, te guide & te possede
Ne crois pas que iamais rien de grand te succede.

Amour.

Disons vray, vous auez trop d'indiscretion,   *A l'Impa.*
Et vous trop de lenteur & de precaution,   *A la Pat.*
Et pour vous mieux regler il faudroit, ce me semble,
Que vous fissiez effort pour vous vnir ensemble.

L'Impatienza e la Patienza.

E ciò credibile
Vnqua ti fù?
Che l'impoſſibile
Dunque vuoi tu?
Prendi quella e laſcia me;
E' ſe vuoi che teco io ſtia
Torci pur dall'altra il piè
Ch'io non vò ſua compagnia.
Penſa pur ciò che ſia meglio per te.

La Patienza.

Io farò che i lunghi affanni
Ti parran grati momenti.

L'Impatienza.

Schiuerai meco gl'inganni,
O riſparmierai de i ſtenti.

La Patienza.

Forte Rocca, è ben difeſa
Se ne beffa di ſorpreſa.

L'impatienza.

Forte Rocca, e ben guardata
Vuol tal volta eſſer forzata.

La Patienza.

Più ſicuro è gire adagio.

L'Impatienza.

Si può amare à ſuo bell'agio?

L'Impatience

L'Impatience & la Patience.

D'vn deſſein ſi bizare, as-tu pû te flatter?
Reſous-toy de la ſuiure, & penſe à me quitter,
Ou bien ſi tu pretends qu'auec toy ie demeure,
De ma Riuale, Amour, éloigne toy ſur l'heure;
Tout accord me ſeroit auec elle odieux,
Penſe auec qui de nous tu croiras eſtre mieux.

La Patience.

Par moy les longs ennuis d'vne flamme conſtante
Paſſeront prés de toy pour vne douce attente.

L'Impatience.

De la fourbe, par moy tu fuiras le danger,
Et de mile dangers ie te puis dégager.

La Patience.

Vne place importante, & qui ſçait ſe deffendre
Se rit du vain effort de qui la veut ſurprendre.

L'Impatience.

Vne de qui l'orgueil ne ſe peut abaiſſer?
Croit honteux de ſe rendre, & veut ſe voir forcer.

La Patience.

Penſez-vous qu'en amour celuy qui plus s'empreſſe
Soit plus ſeur de gagner le cœur de ſa Maiſtreſſe?

L'Impatience.

Penſez-vous qu'vn Amant gardant ſa grauité
Ait l'heure du Berger à ſa commodité?

M

La Patienza.

Da colei fatto incostante
Tu parai fuoco tonante.

L'Impatienza.

Di colei col pigro instinto
Tu parai fuoco dipinto.

Amore.

Ciò non fià che più m'annoi.
Gitene ambi oue à voi piace,
E lasciatemi qui in pace
Ch'io farò senza di voi.

La Patienza, e l'Impatienza.

Come ciò?

Amore.

Con porre in vso
Nell' amoroso gioco
Con vn cambio confuso
Le vostre meglior leggi à tempo, e luoco.

Amore, la Patienza e l'Impatienza.

Amanti al fin Amor dalle sue scuole
Alla furia e alla flemma hà dato il bando,
Quindi è che per goder tal volta amando,
Accortezza ci vuole
Che della guerra al par
Soggetto al dominar
Della Fortuna
Non hà il gioco d'Amor regol a alcuna.

La Patience à l'Amour.

Si tu la suis, ton feu portant par tout la guerre
Sera plus odieux que celuy du tonnerre.

L'impatience.

Si tu la suis, ton feu pesant & presque esteint
Sera comme ces feux que la peinture feint.

Amour.

Mais sans prendre un soucy qui n'est pas necessaire,
Ie feray bien sans vous ce que ie pretends faire.

La patience & l'Impatience.

Comment donc ?

Amour.

Me seruant auec discretion
De ce qu'en son humeur, l'une & l'autre a de bon.

Amour, la Patience, & l'Impatience ensemble.

Amans, enfin l'Amour bannit auec prudence
L'excez de la Lenteur & de l'Impatience,
Et sans donner de Loix à vostre passion,
Ne vous propose plus que la discretion ;
Car il faut l'aduoüer, la science amoureuse
De mesme que la guerre incertaine & trompeuse,
Estant sujette au sort qui decide sans choix,
Ne sçauroit receuoir de regles ny de Loix.

Amore.

A chi n'intese rimirando, e tacque
Gratie rendiam per la benigna audienza,
Mà s'il Balletto, & il cantar non piacque,
Rimedio altro non v'è c'hauer Patienza.

Tutti insieme.

E voi Belle che lodate
Ne gli Amanti tal virtù.
Sol voi stesse incolpate
Qual'hor questi non l'han più.
Poich' al fin con bilanciare
Gioie e guai, risi e pianti
A voi stà d'insegnare
La Patienza a gli Amant.

F I N E.

Amour.

A qui nous a donné fauorable audience,
    Nous deuons vn remerciement
    Si dans nos Airs ou nostre Danse,
Quelqu'vn n'a point trouué de diuertissement,
    Le seul remede est d'auoir Patience.

Tous ensemble.

    Beautez qui regnez sur les cœurs,
    Vous qui dans vos adorateurs
    Trouuez la Patience belle,
N'en accusez que vous, lors qu'ils s'éloignent d'elle ;
    Car en mélant adroitement
    Le plaisir auec le tourment,
En meslant aux rigueurs quelque chose de tendre,
    Vous pouuez aisement apprendre
    La Patience au plus rebelle Amant.

Fin du Ballet.

www.ingramcontent.com/pod-product-compliance
Lightning Source LLC
Chambersburg PA
CBHW070657050426
42451CB00008B/394